प्लेटो

प्लूटो

गुलज़ार

वाणी प्रकाशन
प्रकाशन के उत्कृष्टतम 60 वर्ष

vaniprakashan.com

पहला संस्करण : 2014
दूसरा संस्करण : 2015
तीसरा संस्करण : 2018
चौथा संस्करण : 2020
पाँचवाँ संस्करण : 2024

वाणी प्रकाशन

4695, 21-ए, दरियागंज, नयी दिल्ली-110 002

फ़ोन : +91 11 23273167, 23275710

शाखाएँ

अशोक राजपथ, पटना-800 004, बिहार

कॉफ़ी हाउस कैम्पस, महात्मा गांधी मार्ग, इलाहाबाद-211 001, उत्तर प्रदेश

महात्मा गांधी अन्तरराष्ट्रीय हिन्दी विश्वविद्यालय, वर्धा-442 001, महाराष्ट्र

36/ए, शेक्सपियर सरणी, रानी बिरला गर्ल्स कॉलेज के पास, कोलकाता-700 017, प. बंगाल

sales@vaniprakashan.in
vaniprakashan@gmail.com

PLUTO
by Gulzar

ISBN : 978-93-5072-598-6
Poems

Caligraphy : Achyut Palav

आर. टेक ऑफ़सेट प्रिंटर्स, दिल्ली-110 032 में मुद्रित

वाणी प्रकाशन का लोगो मक़बूल फ़िदा हुसेन की कूची से

विशाल!...विशाल भारद्वाज!
...बताओ नां जाना कहाँ है?

—गुलज़ार

प्लूटो

'प्लूटो' से प्लेनेट का रुतबा तो हाल ही में छिना है। साइंसदानों ने कह दिया—
''जाओ... हम तुम्हें अपने नौ ग्रहों में नहीं गिनते... तुम प्लेनेट...नहीं हो!''
मेरा रुतबा तो बहुत पहले ही छिन गया था, जब घर वालों ने कह दिया—
''बिजनेस फ़ैमिली में ये 'मीरासी' कहाँ से आ गया!''
ख़ामोशी कहती थी— तुम हम में से नहीं हो!
अब 'प्लूटो' की उदासी देखकर, मेरा जी बैठ जाता है। बहुत दूर है...बहुत छोटा है... मेरे पास जितनी छोटी-छोटी नज़्में थीं सब उसके नाम कर दीं।
बहुत से लम्हे छोटे, बहुत छोटे होते हैं। अक्सर खो जाते हैं। मुझे शौक़ है उन्हें जमा करने का।
मौज़ू के ऐतबार से, इस मजमूए में बहुत सी नज़्में ग़ैर-रिवायती हैं... लेकिन वो क्या बुरी बात है?

गुलज़ार

अनुक्रम

कोई अटका हुआ है पल शायद
वक़्त में पड़ गया है बल शायद

एक पुराना-सा मन्दिर है
शाम को एक दिया जलता है

ख़ून निकले तो ज़ख़्म लगती है
वरना हर चोट नज़्म लगती है

शहर के अन्दर लोग लगे थे गमलों में
शहर के बाहर सारा इलाक़ा बंजर था

बिजलियाँ रखते आस्तीनों में
बादलों का अगर लिबास होता

आगे-पीछे सभी तो फूट गयीं
ज़िन्दगी कच्ची मटकियों में थी

पहचान

चेसिस* की तारीख़ पूछ लो
कब की मैन्युफ़ैक्चर* है वो
वरना अक्सर ठग लेते हैं, गाड़ियाँ बेचने वाले!

मेरी चेसिस* की तारीख़
अट्ठारह अगस्त उन्नीस सौ चौंतीस है!!

---

* Chassis * Manufacture

कितनी लम्बी ख़ामोशी से गुज़रा हूँ
उनसे कितना कुछ कहने की कोशिश की

कितनी लम्बी
ख़ामोशी से
गुज़रा हूँ
उनसे कितना
कुछ कहने की
कोशिश की

बहुत दिन मैं...

बहुत दिन मैं तुम्हारे दर्द को सीने पे लेकर
जीभ कटवाता रहा हूँ
उसे शिव की तरह लेकर गले में,
सारी पृथ्वी घूम आया हूँ
कई युग जाग कर काटे हैं मैंने!

तुम्हारा दर्द दाख़िल हो चुका अब नज़्म में, और सो गया है
पुराने साँप को आख़िर अँधेरे बिल में जाके नींद आयी!!

मैं अगर छोड़ न देता...

मैं अगर छोड़ न देता, तो मुझे छोड़ दिया होता, उसने!

इश्क़ में लाज़मी हैं, हिज्रो-विसाल मगर
इक अना भी तो है, चुभ जाती है पहलू बदलने में कभी
रात भर पीठ लगाकर भी तो सोया नहीं जाता!

बीच आस्मां में था...

बीच आस्मां में था
बात करते-करते ही
चाँद इस तरह बुझा
जैसे फूँक से दिया

देखो तुम...
इतनी लम्बी साँस मत लिया करो!

थोड़ी देर ज़रा-सा...

थोड़ी देर ज़रा-सा और वहीं रुकतीं तो...
सूरज झाँक के देख रहा था खिड़की से
एक किरन झुमके पर आकर बैठी थी,
रुख़सार को चूमने वाली थी कि...
तुम मुँह मोड़के चल दीं और बेचारी किरन
फ़र्श पे गिरके चूर हुई

थोड़ी देर, ज़रा-सा और वहीं रुकतीं तो...?

तुझे देखा तो यूँ ही था...

तुझे देखा तो यूँ ही था, कि जैसे सबने देखा है
मगर फिर क्या हुआ जाने...
कि जब मैं लौट रहा था, घने जंगल के रास्ते से
तेरा चेहरा मेरी आँखों में रौशन था

किसी झक्कड़ के झोंके से गिरी बत्ती
बस इक पल का अँधेरा, फिर—
अचानक आग भड़की... और जंगल ने पकड़ ली!

कभी-कभी तो...

कभी-कभी तो....
बोलते-बोलते यूँ चुप हो जाती हो तुम
'फ़्रीज़'[1] हो जाती है जैसे तस्वीर कोई
इक फ़्रेम[2] फ़िल्म की...!
आँखों को भी इक चुप-सी लग जाती है

उँगलियों से छूता हूँ तेरी ख़ामोशी तब
'ब्रेल'[3] में लिखी तेरी बातें पढ़ता हूँ!!

1. Freeze, 2. Frame, 3. Brail

उस से कहना...

"उस से कहना...."
इतना कहा.... और फिर गर्दन नीची कर के
देर तलक वो पैर के अँगूठे से मिट्टी खोद-खोदके
बात का कोई बीज था, शायद, ढूँढ़ रही थी
देर तलक ख़ामोश रही...
नाक से सिसकी पोंछ के आख़िर
गर्दन को कन्धे पर डाल के बोली,
"बस... इतना कह देना!"

कैसी ये मोहर लगा दी तूने...

कैसी ये मोहर लगा दी तूने...
शीशे के पार से चिपका तेरा चेहरा
मैंने चूमा तो मेरे चेहरे पे छाप उतर आयी है उसकी,
जैसे कि मोहर लगा दी तूने....

तेरा चेहरा ही लिये घूमता हूँ, शहर में तबसे
लोग मेरा नहीं, एहवाल तेरा पूछते हैं, मुझ से!!

लॉस्ट एंड फाउंड-1

अचानक तुमको देखा आज फ़्लाइट[1] में
लगा तुम फिर अकेली हो!
और उसके बाद "लॉस्ट एंड फाउंड"[2] के
काउंटर[3] पे भी जाते हुए देखा
उफ़्फ़!....
तुम्हारी "कुछ भी" खो देने की ये आदत नहीं जाती।

1. Flight, 2. Lost and Found, 3. Counter

लॉस्ट एंड फाउंड-2

मैं "लॉस्ट एंड फाउंड" के काउंटर पे आया था,
जहाँ फ़्लाइट में खोई चीज़ों की तफ़सील लिखते हैं!
वो अफ़सर हँस दिया, जब मैंने पूछा था–
"अगर मैं नाम लिख दूँ सिर्फ़? या तस्वीर दे दूँ तो?"

वो अफ़सर हँस दिया लेकिन...
मेरी आँखों के कोरों में रखे आँसू नहीं देखे!!

गिला कर तो लिया...

गिला कर तो लिया, लेकिन...
जो थे, कुछ घट गये उससे!

जो सह लेते तो कुछ अन्दर बिलोते
ज़रा-सा बढ़ गये होते
यो चाहे ज़ख़्म ही होता!

सुबुक सर बनके पूछ आये
कि—"हमसे सरगिराँ क्यों हो?"

तुम्हारे हाथ क्यों इस क़दर...

तुम्हारे हाथ क्यों इस क़दर ख़ामोश रहते हैं
न छूते हैं मुझे, जब आके बिस्तर के किनारे बैठती हो तुम
न बन्द खिड़की के शीशे के परे से,
अब इशारों में कभी आवाज़ देते हैं
न उठके डाँटते हैं अब,
तुम्हें क्या कह दिया है डॉक्टरों ने?
बड़े ख़ामोश रहते हैं
ख़ुदा के सामने देखा, चिराग़ों की तरह बैठे दुआएँ करते रहते हैं!

और तुम ऐसे गयीं...*

और तुम ऐसे गयीं
शहर की बिजली चली जाये अचानक जैसे
और मुझको...
बन्द कमरे में बहुत देर तलक कुछ भी दिखाई न दिया
आँखें अँधेरे से मानूस हुईं तो...
फिर से दरवाज़े का ख़ाका-सा नज़र आया मुझे!

* डॉ. बशीर बद्र की इजाज़त से!

आप गये कि...

आप गये कि आँखें दो बेनूर-से लैन्सेज़[1] लगती हैं
किस मन्ज़र से अब इनको बहलाऊँ मैं?
जागती हैं तो ख़ाली-ख़ाली पन्ने देखती रहती हैं
वरना उधड़ी-उधड़ी नींदें ओढ़के दोनों,
फीके सपने चाट-चाटके, रात गुज़ारा करती हैं!

क्या होगा इन दो लावारिस आँखों का?
आप गये कि बे-मक़्सद, बेनूर-से शीशे लगती हैं!!

1. Lenses

वो ज़िन्दा थी...

वो ज़िन्दा थी, मैं जब सोया हुआ था
वो मेरे जागते ही मर गयी है
यही ख़सूलत है ख़्वाबों की!

वो कितनी बार आयेगी
मैं उसे कितनी बार मारूँगा!!

मीना

आँखें बन्द करके सो गयी
और मर गयी
उसके बाद उसने साँस भी न ली!
एक लम्बी, हादसात से भरी
पेचदार ज़िन्दगी के बाद—
कितनी सीधी और सहल-सी मौत थी!!

सभी धुँधला गया फिर से...

सभी धुँधला गया फिर से
अँधेरा फिर से बहने लग गया है
पिघलकर फिर कोई शै बह रही है
टपकता जा रहा है क़तरा-क़तरा कोई चेहरा
सभी कुछ तिरता है, और फिर कुछ देर में सब डूब जाता है...
मेरी आँखों में शायद, फिर से आँसू भर गये हैं!

मेज़ लगा है आसमान पर...

मेज़ लगा है आसमान पर
चाँद की प्लेट में आग जली है
तारों के चावल छिटके हैं
हल्का नीला मेज़पोश है,

अच्छा लगेगा...
दस्तरख़्वान पे आओ तो, इक बार कभी तुम
चाँदनी की मय पेश करेंगे!!

चाँद की स्लेट...

चाँद की स्लेट[1] पे लिखते-लिखते
जब उँगली घिस जाती है
आँख के 'लेज़र'[2] से मैं बाक़ी ख़त लिखता हूँ

पूरे चाँद की रात सुना है
''गौरद'' की साड़ी पहने वो
छत पे आकर चाँद की पूजा करती है!!

1. Slate, 2. Lazer

एक सिरा पकड़ो...

एक सिरा पकड़ो बादल का
दूसरा मैं फैलाता हूँ....
और धनक के दोनों सिरों पर,
बाँधके कहते हैं सूरज से,
आकर ख़ूब झूलायेगा

आकाश पे चल सतरंगी झूला झूलेंगे
झूलना है?

रात धुनी थी जब मैंने...

रात धुनी थी जब मैंने दुनिया के लिये
तल में थोड़ी छोटी पड़ गयी...

एक तरफ़ से ओढ़ी जब भी
दूसरी जानिब नंगी रह गयी!

तुम सो जाना, नींद आये तो
मुझको शायद जागना होगा...!

अच्छी आदत नहीं...

अच्छी आदत नहीं बहार के मौसम की
आते-जाते आसमान के गाल नोचके जाता है
वो जगह-जगह से सूजा-सूजा रहता है
मौसम पर जब रंग आते हैं
अपने आपे से बाहर हो जाता है

ये उम्र ही ऐसी है जानूँ!
इस उम्र का मौसम आते ही, क़द आस्मान छूने लगता है!

तितलियाँ पौधों पे उड़ती हैं...

तितलियाँ पौधों पे उड़ती हैं
सरगम की तरह, 'आरोही' और 'अवरोही'-सी
मेघ ठाठ का राग लगा है
बादल लम्बी तान के पलटे लेता है तो–
झूम उठते हैं दूर-दूर तक पाम के पेड़!
बोस्की और गोविंद के साथ
औरंगाबाद में
जश्न है अबके जन्म दिन का!

उसके गेट पे...

उसके गेट पे 'चन्दन' का इक पेड़ खड़ा है
जब भी उसके गेट में दाख़िल होता हूँ
इक शाख़ ऊपर से झुक कर आँख पे आ जाती है
जितनी बार हटाया है
कान पे एक ख़राश बजी है

चन्दन के बदन में खुशबू है
चन्दन पर फूल नहीं आते!!

उस दिन की तो बात है...

उस दिन की तो बात है, मेरा छोटा बेटा
पिछले किसी बरस की दीवाली का छूटा...
एक अनार उठा लाया था!

बेमौक़ा, बेमौसम, जब वो जला रहा था,
कितना सूना लगा था आँगन!
कितने बरसों बाद तुम्हारा बेमौसम इक ख़त पहुँचा है!!

पाली

किसी तारीक कोने में छुपी थी
ताक में बैठी हुई थी,
ज़रा बीमार था, कमज़ोर था पाली*
झपट्टा मारके बस ले गयी उसको!

ये सब खाती है...
कोई ज़ात है इस मौत की,
न धरम है कोई!!

*पाली – मेरा बॉक्सर डॉगी!

कोई अटका हुआ है पल शायद
वक़्त में पड़ गया है बल शायद

कोई अटका
हुआ है पल
शायद
वक़्त में पड़
गया है बल
शायद

ये शाम एक वक़्फ़ा है...

ये शाम एक वक़्फ़ा है
ये एक ठंडी साँस है
ये 'पैराग्राफ़' है

तमाम रात-दिन यहीं पे रुकते हैं
बदल के पहलू, फिर से बात तुम्हारी जारी रखते हैं!
ये शाम एक वक़्फ़ा है!

दरख़्त रोज़ शाम को...

दरख़्त रोज़ शाम को....
बुरादा लेके दिन का अपनी शाख़ों पर,
पहाड़ी जंगलों के पार फेंक आते हैं
मगर वो दिन, ...फिर से लौट आता है
रात के अँधेरे में
जिसे मैं जंगलों में आरियों से,
शाख़-शाख़ काटके गिराके आया था!!

मैं सिग्रेट पी रहा था...

मैं सिग्रेट पी रहा था जब गुरूब होने लगा था आफ़ताब
फ़क़त दो-तीन कश का वक़्फ़ा बाक़ी था
वो मेरी उँगलियों में जल रहा था

समन्दर ने लिया एक आख़री कश, माँग कर मुझसे
अचानक बुझ गया ये दिन!
किनारे आस्मां के राख होने लग गये थे!

क्या करना है...

क्या करना है ऐसे शहर में रहकर जिसमें–
खाल उतर जाती है दिन की...
गोश्त की बोटी-बोटी बिक जाती है
बेचारा मिमियाता दिन
शाम होने तक,
अपने आप ज़िबूहख़ाने तक आ जाता है!

मेरे दरवाज़े के नीचे...

मेरे दरवाज़े के नीचे
कोई 'विथ' रह गयी, शायद
अँधेरा इस तरह बह कर मेरे कमरे में आता है
कनस्तर गिर पड़ा जैसे सियाही का
या शब, नल खोलकर बैठी है आँगन में?
अँधेरा भर रहा है!!

बोर्डिंग कार्ड

कल रात पुराने, मैले-से, इस आस्मां पर
एक तरफ़ से छिले हुए इक चाँद को देखके लगता था
कोई पुराना बोर्डिंग कार्ड है, जो रनवे पर उड़ता है
'फ़्लाइट' छूट गयी है शायद
या फिर कोई एक मुसाफ़िर
बीच सफ़र में जिसने इरादा तर्क किया और लौट गया!!

कभी-कभी...

कभी-कभी यूँ भी होता है ऊँचे पहाड़ों पर
चाँद निकलकर देखता है अब कितनी बर्फ़ गिरी है!

मौसम ठीक लगे तो एक-एक करके तारों को बुलवाता है
कुछ ऊन पहनकर आते हैं, कुछ कुछ काँपते-काँपते,
उसकी आँख से ओझल होकर छुप भी जाते हैं!

आधी रात होते-होते जब आसमान भर जाता है
'हुश-हुश' की आवाज़ें आने लगती हैं
और गडरिया हाँक के ले जाता है अपने तारों को!

उफ़क़ के पास देखा है...

उफ़क् के पास देखा है
वहाँ से इक सियाह बिल्ली निकलती है
लगाकर मुँह शफ़क़ से
जो कढ़ के लाल हो जाती है दिन की धूप,
पीती है!
वो मूँछें चाटती है रात भर पीली ज़ुबां से
मगर जाते हुए कोना उठाकर रात का, फिर से
उफ़क़ में लौट जाती है!!

दाग़दार, चितकबरी सुबह निकली है...

दाग़दार, चितकबरी सुबह निकली है
आकाश पे सिलवटें दिखती हैं
सियाह चिकत्ते पंजे मार के बैठे हैं!

चादर के ऊपर से जैसे
गीले-गीले पंजे लेकर
रात की काली बिल्ली कूद के निकली है!

कुछ बेवा आवाज़ें...

कुछ बेवा आवाज़ें अक्सर
मस्जिद के पिछवाड़े आकर
ईंटों की दीवार से लगकर
पथराए कानों पे, अपने होंट लगाकर
इक बूढ़े अल्लाह का मातम करती हैं...
जो अपने आदम की सारी नस्लें उनकी कोख में रखकर
ख़ामोशी की क़ब्र में जाकर लेट गया है!!

आहिस्ता-आहिस्ता...

आहिस्ता-आहिस्ता आख़िर पूरी बोतल ख़त्म हुई!
घूँट-घूँट ये साल पिया है
तल्ख़ ज़्यादा, तेज़ाबी और आतिशीं क़तरे
होंट अभी तक जलते हैं!

धीरे-धीरे से ज़मीं...

धीरे-धीरे से ज़मीं खिसक रही है फिर वहीं
राहू, केतू, शुक्र और शनि
फिर उन्हीं घरों पे आके ठहरेंगे!

एक साल तक ये कायनात मेरे गिर्द घूमती रही
एक साल बाद, फिर... लगन वही, तिथि वही
अगस्त की अट्ठारहवीं!

एक पुराना-सा मन्दिर है
शाम को एक दिया जलता है

एक
पुराना-सा
मन्दिर है
शाम को
एक दिया
जलता है

नये-नये ही चाँद पे...

नये-नये ही चाँद पे रहने आये थे
हवा न पानी, गर्द, न कूड़ा
न कोई आवाज़, न हरकत
'ग्रेविटी' बिन तो पाँव नहीं पड़ते हैं कहीं
अपने वज़न का भी अहसास नहीं होता!

चलते हैं
जो भी घुटन है, जैसी भी हो
चल के ज़मीं पर रहते हैं!!

ज़मीं मुझे घुमा रही है...

ज़मीं मुझे घुमा रही है, गिर्द आफ़ताब के
और मैं कायनात की तरफ़ उठाके सर,
जैसे "सर्चलाइट" में, ढूँढ़ रहा हूँ उसे,
जिसका नाम चेहरा और पता कहीं नहीं!!

'कदरे मुख' की झील में...

'कदरे मुख' की झील में
पेड़ नंगे बौद्ध-भिक्षुओं के जैसे सर मुँड़े
घुटनों घुटनों पानी में खड़े हुए
हाथ उठाके बे-स्वाद आसमान की तरफ़
पुकारते हैं उसको, जिसका घर वहाँ कहीं नहीं!!

इस बार तो ज़िस्म ने...

इस बार तो ज़िस्म ने धोखा दिया

हम साथ ही साथ थे उस दिन भी
जब ऊँचे पहाड़ पे चढ़ते हुए
आ घेरा था हमको बादलों ने
काले नक़ाब पहन कर आये थे वो सब

वो आबशार को थामके नीचे उतर गया
और मुझ को ख़ला में टाँग गया!

माला के मनकों की तरह...

माला के मनकों की तरह, दिन-रात पिरो के
जाप किया करती है ज़मीं
सूरज के गिर्द तवाफ़ किया करती है, सालहा साल मगर...
तीन बिलयन से कहीं ज़्यादा बीते साल,
स्वामी ने आँख नहीं खोली!

अन्दर की आग जब मद्धम होगी, और बुझने पर आयेगी
स्वामी खोलेगा तब अपनी लाल भभूका आँखें
उसके गर्म शरीर में जोगन, देह समेत समा जायेगी!

छोटा-सा इक ग्लोब मिला है...

छोटा-सा इक ग्लोब मिला है रहने को
जहाँ भी रखता हूँ मैं अपना ''पेटी झोला''
और कोई पहले से वहाँ पर रहता है!

पेटी खोलते डरता हूँ अब
पेटी में भी वही मिला तो?
कोई जगह तो उससे ख़ाली होती ज़मीं पर

पूरी ज़मीं पर...
सब से ज़्यादा जगह तो उसने घेर के रखी है!!

ख़ुदा बड़े क़दीम दौर की किताब है!

खु़दा बड़े क़दीम दौर की किताब है!
क़दीम दौर में... हमेशा ऊँचे ताक़ पर पड़ी
रूमालों में सँभाल के रखी हुई किताब
चुने-से लोग पढ़ते-सुनते थे उसे!

जदीद दौर में...
जदीद कोई इस्तेआरा भी नहीं
क्लीनिक* के वेटिंग रूम में, पुराने इक रिसाले की तरह
पड़ा हुआ है वो!

* Clinic

भँवर-सी घूमती है...

भँवर-सी घूमती है ये ज़मीं, रोको!
उतर के पूछ लूँ आख़िर
मुझे जाना कहाँ तक है?
इसी स्टेशन पे ले आती है ये हर साल मुझको,
और रुकती भी नहीं है
जहाँ पे जन्म की तारीख़ लिखी है!

भँवर के दायरे गर फैल रहे हैं, तो फिर
साहिल कहाँ होगा?
सिमटता जा रहा है दायरा, तो उम्र का मर्कज़ कहाँ पर है?

बदल कर देखें तो रस्ता...

बदल कर देखें तो रस्ता,
वहीं से आते-जाते हैं हमेशा!

वही है भेजता है, ऐसा कहते हैं
कि बिल्डर जिस तरह 'साइट'[1] पे 'वर्कर्ज़'[2] भेजता है
बुला लेता है जब उसकी दिहाड़ी ख़त्म होती है!

बहुत से और भी सय्यारे हैं इस कायनात में
बदल कर देखें कोई और मालिक ज़िन्दगी का
कहीं पे और भी कोई ख़ुदा होगा!

1. Site 2. Workers

ज़रा-सी देर...

ज़रा-सी देर आँखें बन्द कर लो
'टनल'* इक आने वाली है
जब उसके पार निकलोगे
तुम्हारा जिस्म रह जायेगा पीछे
नई इक रौशनी से ऐसे चुँधयायेंगी आँखें
ये आँखें खोलने की फिर ज़रूरत भी नहीं होगी!

---

* Tunnel

ख़ून निकले तो ज़ख़्म लगती है
वरना हर चोट नज़्म लगती है

ख़ून निकले
तो ज़ख़्म
लगती है
वरना हर
चोट नज़्म
लगती है

बूँद से लेकर पूरे एक समन्दर तक...

बूँद से लेकर पूरे एक समन्दर तक
कहीं भी रुकता है पानी तो,
आँख खुली रहती है उसकी
सारे अक्स उतारता है!

पानी की इक बूँद है शायर
पूरा समन्दर अपनी आँख में रखता है!!

वो जो इक ख़याल था...

वो जो इक ख़याल था...
तेज़ धार की तरह,
काटता गुज़र गया...
ख़ूं के क़तरे-क़तरे से,
उबल पड़े थे जिस्म पर!

ठंडा पड़ के, बूँद-बूँद, पानी बनके बह गया
सब्ज़े की तरह खिला हुआ है मेरी नज़्म पर!!

मैं लफ़्ज़ों के अन्दर...

मैं लफ़्ज़ों के अन्दर लपेटे हुए लफ़्ज़ और लाइनों को
गिरहों पे गिरहें बाँधकर
नज़्म का एक पलता बनाकर
कटी नब्ज़ से बहता ख़ूं रोकने की सई कर रहा था!

ये अल्फ़ाज़ हथियार की धार तो कुंद कर सकते हैं पर
ये बहते हुए एक मज़लूम के ख़ून को रोक सकते नहीं!!

नज़्म का तज्ज़िया करते-करते...

नज़्म का तज्ज़िया करते-करते
पूरा गुलाब ही छील दिया
मिसरे अलग, अल्फ़ाज़ अलग
डंठल-सा बचा, न खाने को, न सूँघने को!

ख़ुशबू कुछ हाथ पे मसली गयी
कुछ मिट्टी में गिरके गर्द हुई
नज़्म पढ़ूँ तो वो भी अब
ख़ाली बर्तन-सी बजती है!!

मेरे साथ बैठ कर...

मेरे साथ बैठ कर
ये नज़्म रोज़ शाम को, शराब पीती है
मैं तो सिर्फ़ एक-दो ही जाम उतार लेता हूँ
ये नज़्म रात देर तक सुराही के गले से
लगके बैठी रहती है!

इसको तो कभी चढ़ी नहीं मगर
मुझको नज़्म कितने रोज़ तक उतरती ही नहीं!!

अमृता... इमरोज़...

तेरी नज़्म से गुज़रते वक़्त, ख़दशा रहता है
पाँव रख रहा हूँ जैसे
गीले लैंडस्केप पर, इमरोज़ के!

ब्रश से रंग टपकते हैं तो
तेरी नज़्म की इमेज उभरती है

वो अपने कोरे कैन्वॉस पे नज़्में लिखता है
तुम अपने काग़ज़ों पे नज़्में पेंट करती हो!

कभी-कभी कुछ नज़्मों से...

कभी-कभी कुछ नज़्मों से यूँ होता है
वक़्त अगर न सींचे तो वो सूखने लगती हैं
अल्फ़ाज़ भी मुरझाकर मिसरों पर झूलने लगते हैं
रंग उतर जाते हैं उनके,
नज़्म किसी बीते मौसम के पत्ते जैसी उड़ती रहती है!!

एक ख़याल को...

एक ख़याल को काग़ज़ पर दफ़नाया तो
इक नज़्म ने आँखें खोल के देखा
ढेरों लफ़्ज़ों के नीचे वो दबी हुई थी!

सहमी-सी, इक मद्धम-सी, आवाज़ की भाप
उड़ी कानों तक
क्यों इतने लफ़्ज़ों में मुझको चुनते हो
बाँहें कस दी हैं मिस्रों की
तशबीहों के पर्दे में, हर जुंबिश तह कर देते हो!

इतनी ईंटें लगती हैं क्या एक ख़याल दफ़नाने में?

दोस्त शायर था मेरा...

दोस्त शायर था मेरा...
बेतकल्लुफ़ था, किसी बात पे कह दिया मैंने
"मरने से पहले भी तुम, नज़्म कोई कह के मरोगे?"
मुस्करा के मुझे देखा, कहा—
"मरने से पहले कोई नज़्म नहीं होती कभी दोस्त
मरने के बाद ही कहता हूँ मैं हर नज़्म हमेशा!"

कितनी देर ये कोरा काग़ज़...

कितनी देर ये कोरा काग़ज़
इक ख़ामोश कहानी लेकर चेहरे पर
बैठा रहे और तकता रहे

कान पे रख के सुनो तो शायद बोले कुछ
होंठों पर रखो तो शायद बोसे की आवाज़ आये!

सुब्ह दम, नाश्ते में कान को...

सुब्ह दम, नाश्ते में कान को कोयल सुनाई दी
महक उड़ती हुई, कटते हुए सब्ज़े की आयी
बड़ा मद्धम अँधेरा था, खुला जब आस्मां,
पलकें उठीं उसकी

सटर की तश्तरी में, यूँ तो सब कुछ था
फ़क़त अल्फ़ाज़ के उबले हुए दाने न थे
मैं नज़्म चख लेता!

शह्र के अन्दर लोग लगे थे गमलों में
शह्र के बाहर सारा इलाक़ा बंजर था

शह्र के अन्दर
लोग लगे थे
गमलों में
शह्र के बाहर
सारा इलाक़ा
बंजर
था

टहनी पर बैठा था वो...

टहनी पर बैठा था वो...!
नीचे तालाब था पानी का, और–
तालाब के अन्दर आसमान था
डूबने से डर लगता था
न तैरा, न उड़ा, न डूबा
टहनी पर ही बैठे-बैठे बिलाख़िर वो सूख गया!
एक अकेला शाख़ का पत्ता!

स्टिल लाइफ़

वो सूखा पत्ता उस लकड़ी के पुल पर ही पड़ा था
उसे उस पुल पे आने-जाने वाले पैरों का डर था
कुचल देगा कोई भी, पीस देगा पाँव के नीचे

कोई झोंका हवा का आये और उसको उठा के दरया पे रख दे
सुकूं से लेटकर, ये आख़री हिस्सा सफ़र का पार कर जाये!

'बान्द्रा'

'बान्द्रा' के...
तालाब के बीचों-बीच खड़े इस शीशम ने
ऐसे ऊपर-नीचे कर के, अपनी शाख़ें गूँधी हैं
जैसे कोई लड़की शीशा देख के अपने,
कुंडल ऊपर-नीचे डाल के, बाल बनाती है
अपना ही बस अक्स देखकर पानी में फिर झूमता रहता है!

गोवा...

'गोवा' ख़ुश्की पे है लेकिन
ये छोटा 'जाया' लगता है समन्दर का
वो कूल्हों पर उठाये फिरता है उसको
कभी दायें तरफ़ लेकर हुमकता है
कभी बायें तरफ़ लेकर!

हर इक-दो मील पर कूल्हा बदलकर,
बात अपनी जारी रखता है

बुलन्द क़द है...

बुलन्द क़द है, ऊँची भूरे रंग की चट्टान चम्बा में
और उसके बीचों-बीच एक दुबला-पतला झरना बहता है
महीन धार से बुना हुआ
हमेशा ही से देखता हूँ
इसका ये 'इज़ारबन्द' लटकता रहता है!!

पानी की आदत है बहना...

पानी की आदत है बहना, बहते रहना

पैर नहीं टिकते दरया के!
दौड़-दौड़ के चट्टानों से
झरने कूदते रहते हैं सब
आबशार पहाड़ पकड़ के नीचे उतरते हैं
थक जाता है दौड़ते-भागते, बहता पानी
झील में जाकर नींद आती है पानी को!!

परिन्दे हैं या परचम हैं...

परिन्दे हैं या परचम हैं
या काली झंडियाँ हैं
ये कव्वे शहर की बिजली की तारों पर
सभी सड़कों पे आकर भर गये हैं
किसी के जाने का मातम है या...
या किसी के आने पर,
ये सत्याग्रह करने चले हैं!!

उस पार नदी के पुल से...

उस पार नदी के पुल से जब इक रेल गुज़रती है
कुछ देर को आहिस्ता हो जाती है वो भी
जैसे अक्सर राह में मिलने वाले, पल-दो-पल,
इक-दूजे की ख़ैर-ख़बर लेकर बढ़ जाते हैं!!

बिजलियाँ रखते आस्तीनों में
बादलों का अगर लिबास होता

बिजलियाँ

रखते

आस्तीनों में

बादलों

का अगर

लिबास

होता

रनवे से जब प्लेन उड़ा तो...

रनवे से जब प्लेन उड़ा तो
घास पे दाना चुगते-चुगते बगुले ने
गर्दन ऊँची करके देखा
कुछ धुआँ उड़ा, और बड़े ज़ोर का खड़का हुआ
आग की एक लकीर दिखी थी दुम के पीछे
मुड़के अपनी मादा को देखा, वो बोली—
बच्चा है,
उड़ना सीख रहा है!

रनवे पर उड़ते पंछी...

रनवे पर उड़ते पंछी डरते भी नहीं
हैरां होकर देखा करते हैं जब उड़ने की कोशिश में
इन्सान लगा के पहिये – ज़ोर से दौड़ता है और,
सब के सब, फिर दड़बे का दड़बा लेकर उड़ जाते हैं!

मादा की तरफ़ देखा तो वो गर्दन इक पंख में डाल के बोली
"बेचारों के पंख नहीं होते ना...!
इसीलिये!"

बेलजियन क्रिस्टली बर्तन...

बेलजियन क्रिस्टली बर्तन...
बिना तरतीब के रखे बादल!
प्लेन जब इनसे गुज़रता है तो लगता है अभी,
टूटेगा बर्तन कोई!
काँच गिरने की ज़मीं पर अभी आवाज़ भी होगी!
है ना?

बाये एयर!

साफ़ शफ़्फ़ाफ़ फ़लक के नीचे
बादलों में से गुज़रते हुए कुर्सी पे बैठे-बैठे
गर्म एक चाय की प्याली से सिप करते
पाँव पे पाँव रखे उड़ते जाना

अब 'अलिफ़ लैला' का क़िस्सा नहीं लगता, है ना?

चलो! दरवाज़ा खोलो प्लेन का

चलो! दरवाज़ा खोलो प्लेन का
चलो, बाहर चलें, कुछ दूर टहलें बादलों पर
जुराबें खोलकर कुछ दूर नंगे पाँव चलते हैं
चलो देखें तो जब पाँव नहीं पड़ते ज़मीं पर, कैसा लगता है!!

आगे-पीछे सभी तो फूट गयीं
ज़िन्दगी कच्ची मटकियों में थी

आगे-पीछे
सभी तो
फूट गयी
ज़िन्दगी
कच्ची
मटकियों
में थी

मैं सिग्रेट तो नहीं पीता...

मैं सिग्रेट तो नहीं पीता...
मगर हर आने वाले से बस इतना पूछ लेता हूँ कि "माचिस है?"
बहुत कुछ है, जिसे मैं फूँक देना चाहता हूँ
मगर हिम्मत नहीं होती!

बाबा...! मैंने सोचा था

मैंने सोचा था, मसीहा जो ज़माने को शफ़ा देता है
वो जो सहलाता है सब वक़्त के दर्द, और मिटा देता है
शे'रों में गूँधके उम्मीद-व-क़रार
नज़्म के कूज़े में तस्कीन पिलाता है हमेशा
वो मसीहा है, उसे कुछ भी नहीं होने वाला!

आज लाहौर में, वो मेरा मसीहा
अपने ही जिस्म पे मसलूब हुआ!!

बुख़ार में ये इमेज क्यों आती है...

बुख़ार में ये इमेज क्यों आती है हमेशा...
सफ़ेद बिस्तर, सफ़ेद तकिये पे, सर तलक ओढ़कर मैं चादर
सफ़ेद वो भी...
पड़ा हुआ हूँ!
उबाल कर एक अंडा रखा हुआ है चीनी की प्लेट में और
हल्के-हल्के धुएँ के 'वेफ़र्ज़' उड़ रहे हैं!!

उमीद बड़ी ही चिकनी डली है...

उमीद बड़ी ही चिकनी डली है
पकड़े रहो तो गलती है
मलने लगो तो हाथ से और फिसलती है
ऊपर से बरसता वक़्त है पल को रुकता नहीं!

साबुन की तरह ही झाग दिखाकर
ये महीना भी ख़र्च हुआ!!

संसार के बन्धन तंग करते हैं...

संसार के बन्धन तंग करते हैं
मोह से घुटने लगता हूँ!
छोड़छाड़ ज़मीं के पट्टे और लगानें
आस्मान पे नंगे पाँव चलने को जी करता है!
मेरे अन्दर क्या कोई सिद्धार्थ की परछाईं बैठी है?

पैदा हुआ था 'लुम्बनी' में
और लम्बे-लम्बे कानों से वो ग़ैब की आवाज़ें सुनता था!

वो अगरचे देखता है सब...

वो अगरचे देखता है सब
उसपे ये कि आँख भी झपकता नहीं वो
सोचता हूँ मैं ही पर्दा कर लूँ अपने हुजरे पर
आस्मां का टाट टाँगकर!
क्यों मैं रोज़-रोज़ उसके नाम की सफ़ाई देता हूँ!!

ज़रा अल्लामा को कोई ख़बर कर दे...

ज़रा अल्लामा को कोई ख़बर कर दे
कि जिन खेतों से दहक़ां को मयस्सर न हुई रोटी
किसी ने खेत में जाकर जलाया ही नहीं
गंदम के गोशों को....
कहीं कोई नहीं उट्ठा, न कोई इन्क़लाब आया!

जनाज़े उठ रहे हैं गाँव-गाँव से
ये सब के सब जनाज़े हैं किसानों के
जिन्होंने क़र्ज़ की मिट्टी चबाकर खुदकुशी कर ली!

जिस खेत से दहक़ां को मयस्सर न हो रोटी
उस खेत के हर ख़ोशा-ए-गंदम को जला दो!
—अल्लामा इक़बाल

मेले से घर आते-आते...

मेले से घर आते-आते
ढीला पड़ने लगा ग़ुब्बारा
साँस खिसक गयी सीने से
झुर्रियाँ पड़ने लगीं चेहरे पर
अब दादाजी के चेहरे जैसे लगता है!!

पैडीक्योर

मेरे नाख़ून तराशो – ऐ हबीबो!
मेरे पैरों में इनकी क्या ज़रूरत है
मुझे तो ठोकरें खानी हैं, और ये टूट जाते हैं!

मेरे पैरों में चक्कर हैं, उन्हें भी छील दो पैरों के तलवों से
हमेशा ही किसी आवारगी पर ये मुझे आमादा रखते हैं!!

उसने अचानक हाथ पकड़कर

उसने अचानक हाथ पकड़ कर इतना कहा मुझसे
'बायें तरफ़ इक पतली गली है, आओ निकल चलते हैं।'
मैं उस से नावाक़िफ़ था
कोई तआर्रुफ़ पूछता, उससे पहले उसने
मेरा नाम लिया और भीड़ से खींच लिया!

हाथ ही छूट गया वरना....
दिल का पहला दौरा ऐसा बुरा नहीं था!!

मन्ज़र-1

फिर से फूल निकल आये हैं महवे के
फिर से महकता है महवे का पेड़ उसी के आँगन में
जिसके नीचे महवे ही की मय पीकर,
चंद सिपाहियों ने कांची का 'रेप' किया था
और उसी महवे की शाख़ पे झूले वाली रस्सी डाल के
उसने आत्म-हत्या की थी!
फिर से फूल निकल आये हैं महवे के!

मन्ज़र-2

“मिन्की” नाम है बिल्ली का
दीवार पे आकर कहती है— ‘मैं आऊँ?’
कांची की माँ अब भी रोज़ उबाल के चावल
कांची की चुनरी से कांजी छानती है
मिन्की कूद के आँगन में, महवे के पेड़ पे चढ़ जाती है
बिट-बिट देखती रहती है
फिर से भूख लगी है सबको
फिर से फूल निकल आये हैं महवे के!

ख़्वाब तो देखता रहता हूँ...

ख़्वाब तो देखता रहता हूँ मैं, मुश्किल ये है
आँख खुलने पे भी ख़्वाबों के चकत्ते नहीं जाते

आँख खुलती है तो कुछ देर महक रहती है पलकों के तले
सूख जाते हैं तो कुछ रोज़ में गिर जाते हैं, बासी होकर
ज़र्द-से रेज़े हैं उड़ते हैं फिर आँखों में महीनों!

मेरी आँखों से तो दरिया भी गुज़रते हैं मगर
दाग़ लग जायें तो धुलते नहीं ख़्वाबों के कभी!

धूप की उँगलियाँ जब...

धूप की उँगलियाँ जब शाख़ों से छनकर
पेड़ की जाँघों को सहलाती हैं झुककर
मैंने देखा है उन्हें शर्म से नम, और शिकायत करते!
लोग बदफ़ैलियाँ भी करते हैं, और....
नाम लिख जाते हैं चाकू से मेरी जाँघों पर!

भ... च... बाज़ नहीं आते उन्हें लाख कहें!!

तिड़के कप के जैसा था वो...

तिड़के कप के जैसा था वो

उसका हैंडल था ही नहीं!
कोई मुँह न लगाता था, लब जल जाते थे
हाथ में लो तो, गर्म था, उँगलियाँ जलती थीं
'बॉस' ने इक दिन बाहर फेंक दिया उसको
'चल साला दलित!'
सबके चेह्रे तिड़क गये हैं दफ़्तर में!

क़ब्रिस्तान में कल इक लाश पे...

क़ब्रिस्तान में कल इक लाश पे
तन्हा इक जुगनू मंडलाते देखा था
ताबूत के अन्दर चेहरे को पहचानने की कोशिश में था!

लाश की कोई हसरत शायद
उसके साथ ही दफ़न होने की कोशिश में
ताबूत में दाख़िल होने का कोई रास्ता ढूँढ़ रही थी!

मन्ज़र-3

सालन से सनी थाली में फिर कुछ देर तलक
अश्कों का नमक भी क़तरा-क़तरा गिरता रहा
चूल्हे में आग भी जलती रही
सासू के कोसने और ताने
दीवार के पार से भी कानों में पड़ते रहे!

सालन से सनी थाली में देर तलक वो उँगली
फेर-फेर के...
इक हार की शक्ल बनाती रही!!

बीचों-बीच इस ज़मीन के...

बीचों-बीच इस ज़मीन के
दोनों हाथ उठाके जब
आसमां खड़ा किया था मैंने, तब—
पता नहीं था... एक दिन
हाथ हटाऊँगा तो गिर पड़ेगा फिर ज़मीन पर!!

जेब में ठूँसे चले जाओगे सामान तो...

जेब में ठूँसे चले जाओगे सामान
तो क्या होगा भला
जेब के बख़िये उधड़ने लगेंगे!

आदमी आदमी पे और मकानों पे मकां
फट गये कोने दुकानों के, गिरी पड़ती हैं फ़ुटपाथ पे सब
शहर की गलियों में गुंजाइश नहीं है फैलें...
छोटे इन शहरों के अब बख़िये उधड़ने लगे हैं!!

इतनी छोटी दुबली-पतली सी पगडंडी...

इतनी छोटी दुबली-पतली सी पगडंडी
रोज़ पहाड़ की चोटी पर चढ़ जाती है
और इतनी चौड़ी तारकोल की पक्की सड़क है
कितने बल खाती है लेकिन
ऊपर तक वो जा नहीं सकती!!

क़फ़स उदास है यारो...

क़फ़स उदास है यारो...!
हरी मिर्ची का इक टुकड़ा पड़ा है
कटोरी पानी की ख़ाली है, औंधी हो गई थी
परिन्दा जा चुका कब का, क़फ़स में कुछ नहीं है!!

रोज़ नौकरी के पीछे-पीछे...

रोज़ नौकरी के पीछे-पीछे भगना
रोज़ इक कटी पतंग लूटना
याद हैं वो दिन तुम्हारे शहर के, ऐ मुम्बई!
सारा शहर सिल गया था दौड़-धूप में
पैरों में ख़िज़ां के सूखे पत्ते चरचराते रहते थे!

साँस टूट जाती थी
उम्मीद लटकी रहती थी!!

ख़ामोशी के कुएँ में...

ख़ामोशी के कुएँ में उतरो
रेत ही रेत पड़ी है ख़स्ता आवाज़ों की
मुर्दा लफ़्ज़ों के कंकर हैं
काई लगी है दीवारों पर!

पानी...
पानी कहीं नहीं है, ख़ामोशी का हलक़ भी सूख रहा है!!

तन्हाई तारीक कुआँ है...

तन्हाई तारीक कुआँ है
तेरा ख़याल जो बोले कहीं से
आस्मान रोशन हो जाये!
ख़ामोशी के दलदल में
कब से मेरे पाँव फँसे हैं!

फ़ुटपाथ पे रहने के जो ठाठ हैं...

फ़ुटपाथ पे रहने के जो ठाठ हैं,
क्या जानें घर चौखट वाले

जात-पात और धर्म-वर्म सब छूट चुके, फ़ुटपाथ पे आकर!
वार-त्योहार, वो अच्छा है अब जिसमें अच्छी भीक मिले
जिस ख़ुदा की बस्ती जाओ,

उसके नाम से माँगो और वहीं छोड़ आओ!
अपना ख़ुदा फुटपाथ पे अपने साथ ही रहता है!

जोज़फ़ ने दायें कन्धे पर...

जोज़फ़ ने दायें कन्धे पर
नीले एक परिन्दे का टैटू* गुदवाया था
कैथोलिक चर्च के पीछे ही उसको दफ़नाया है!

कुछ रोज़ से उसकी क़ब्र पे शाम को,
नीली 'धोबन चिड़िया' आकर बैठी रहती है
लगता है वो टैटू* उस चिड़िया का कोई लगता था!

* Tattoo

उसने जाने क्यों...

उसने जाने क्यों अपने दायें कन्धे पर
नील गाय का इक टैटू* गुदवाया था
मर जाता कल दंगों में,
अच्छे लोग थे...
गाय देखके छोड़ दिया!!

* Tattoo

कहीं जाना नहीं है...

कहीं जाना नहीं है
बस यूँही सड़कों पे घूमेंगे*
कहीं पर तोड़ेंगे सिगनल
किसी की राह रोकेंगे
कोई चिल्ला के गाली देगा
कोई 'हॉर्न' बजायेगा!

ज़रा अहसास तो होगा कि ज़िन्दा हैं
हमारी कोई हस्ती है!!

*विशाल के साथ!

रात को पेचीदा सड़कों पर...

रात को पेचीदा सड़कों पर चलते-चलते
इक साये का पाँव उलझा,
अपनी परछाइयों से
लैम्प पोस्ट के नीचे गिरके फ़ौत हुआ!

शायद वो भी...
अँधेरे की नाजाइज़ पैदाइश था!

मैन ईटर

नुक्कड़ पर जो लाल सुर्ख़ इक पोस्ट बॉक्स है
मैन ईटर है...
उसके पेट से लोगों की आवाज़ें आती हैं
कल ही जब उसके मुँह में इक चिट्ठी डाल रहा था मैं
उसने मेरे हाथ की सारी उँगलियाँ खा लीं
मैन ईटर है...
नुक्कड़ पर जो लाल सुर्ख़ इक पोस्ट बॉक्स है!!

ज़ंग लगे इस चाँद को...

ज़ंग लगे इस चाँद को मैंने
कितना रगड़-रगड़के 'रेती', 'रेगमार' से साफ़ किया है
कंगूरे टूटने लगते हैं अब
घिस-घिस के जब ज़ंग हटाता हूँ नोकों से!

कुंद न हो जाये इस चाक़ू जैसे चाँद की धार कहीं
काली अँधेरी रातें जब काटनी होंगी
ये चाक़ू फिर काम आयेगा!!

क्यों चढ़े आते हो ऊपर लोगो...

क्यों चढ़े आते हो ऊपर लोगो...?
साँस लेने की जगह तो दो नां
हाथ से बूट हटाओ अपने
उँगलियाँ टूट रही हैं मेरी
क्यों मेरी पीठ के ऊपर से चले जाते हो,
'रोलर'[1] की तरह!
मेरे नीचे भी कोई था जो मेरा बोझ हटाने के लिए
जूझ रहा था...!
अब तो हिलता भी नहीं है!!

* Road Roller

तापी

झाग उड़ाती है किनारों से, नदी औंधी पड़ी हाँप रही है,
'तापी' को हैज़ा हुआ है

रात भर शहर में जो दंगों ने कल क़ै की थी
नालों से बहके चला आया है सब पेट में इसके!
रात भर जलते हुए मांस की गन्ध आती रही है
रात भर ज़हर भरी उल्टियाँ की हैं उसने
तापी को हैज़ा हुआ है!!

काँच भी तोड़ दिये...

काँच भी तोड़ दिये, क़ब्ज़ों से मेख़ें भी ढीली कर लीं
दोनों पल्लों से छुड़ाती रही खिड़की, कि उड़ जाये
वो तेज़ हवा में
बड़ी पथरीली थी दीवार,
न छोड़ा उसने!

इस क़दर सख़्त हैं, बेहिस हैं, रिवायत के पत्थर
जां चली जाये मगर जान छुड़ाना बड़ा मुश्किल है यहाँ!!

आँख में लगता है ये धुआँ...

आँख में लगता है ये धुआँ, मैं जानता हूँ
मेरी भी नज़र धुंदला जाती है
आँख से पानी पोंछना पड़ता है कि साफ़ नज़र आये!

शोहरत का धुआँ देखा है तुमने
लेकिन अन्दर कितना ईन्धन जला है, तुमको ख़बर नहीं है!

गाली दी थी उसने...

गाली दी थी उसने मुझको
गन्दा और ग़लीज़ था लहजा...
गाली उसकी आँख में थी, आवाज़ में थी
अल्फ़ाज़ मेरे मुँह पर फूटे अंडों की तरह!

अल्फ़ाज़ को जोड़ के कोई मानी नहीं बनते थे,
फिर भी कान में बजते ही ख़ूं खौल उठा,
लगी तो थी, पर लगी कहाँ?
सोचता हूँ तो अब भी सर भन्ना उठता है!

शाम के वक़्त चिराग़ जलाना...

शाम के वक़्त चिराग़ जलाना, कितना अच्छा लगता है!
आँख झपक के लौ खुलती है
थोड़ी-सी लहराके, हवा के रुख़ को देख के
अंगड़ाई लेती है, फिर इतराती है
तनके खड़ी हो जाती है, अब छेड़के देखे,
कोई झोंका!
शाम के वक़्त चिराग़ जलाना,
कितना अच्छा लगता है!

ये सब जो सैर को...

ये सब जो सैर को सुबह निकलते हैं
ये सब फ़ुटबॉल लगते हैं
बड़े, छोटे, पिचकते, फूलते, सिलते, उधड़ते,
उछलते और लुढ़कते बॉल सारे
अकेले खेलती है ज़िन्दगी इनसे
भगाती है, गिराती है, उठाके कॉर्नर से किक लगाती है
कि जो भी गोल में जाये, वो फिर वापस नहीं आता!!

किसे पहनाते हैं ये हार...

किसे पहनाते हैं ये हार,
जो मेरे गले में आके पड़ते हैं
नज़र में कुछ नहीं होता जब उनके हाथ उठते हैं
कोई फ़ोटू या कोई फ़्रेम होती है
कोई अपना तसव्वुर जिसको वो पहनाते हैं माला
वहाँ मैं तो नहीं होता
किसे पहनाते हैं वो हार, जो मेरे गले में आके पड़ते हैं!

❑❑